Dieudonné Asifiwe C.
Lola Berthomé

# ALERTE ET CLAMEURS

Dieudonné Asifiwe C.
Lola Berthomé

# ALERTE ET CLAMEURS

Éditions Muse

**Imprint**



Cover image: www.ingimage.com

Publisher:
Éditions Muse
is a trademark of
Dodo Books Indian Ocean Ltd. and OmniScriptum S.R.L publishing group

120 High Road, East Finchley, London, N2 9ED, United Kingdom
Str. Armeneasca 28/1, office 1, Chisinau MD-2012, Republic of Moldova, Europe
Printed at: see last page
**ISBN: 978-620-4-97202-2**

**Des mêmes auteurs :**

- Dieudonné Asifiwe C.
  - *Les missives*, Ed. Muse, 2021 (Poésie).
  - *Les démarches rituelles*, Ed. Muse, 2022 (Poésie).
  - *Conspirations* - avec Alexandre Jormeus & Martin T. Souobou, Ed. Muse, 2022 (Poésie).
  - *Penser grand*, Ed. Vie, 2022 (Essai).
- Lola Berthomé
  - *La tête dans les étoiles*, autoédité, 2020 (Poésie).
  - *Jeux de mots en vrac, servez-vous*, autoédité, 2022 (Poésie).

# SOMMAIRE

A tous ceux qui souffrent de l'injustice,

A toutes les victimes des guerres,

A tous ceux qui attendent,

Nous dédions,

Ces CLAMEURS.

D.A & L.B

# PREMIERE PARTIE : VERS

# DILIGENCES

# I. Ouvert d'esprit

Je m'attarde sur ces lueurs fort innocentes,
Cette force à surmonter les aires errantes,
Le monde qui ne sourit pas aux vulnérables,
La grandeur féroce des difficultés intenables,
La ferveur et la sagesse souvent nécessaires.
La vie et le bonheur sont devenus vos adversaires.

Tenez bon, le handicap n'est pas une bassesse,
Je vois dans vos yeux, aplomb et prouesse,
D'aucuns ne pensent qu'à vos torts
Car vous devez fournir cinq fois plus d'efforts
Pour avoir trois fois moins que d'autres personnes.
C'est une de ces vérités dissolues et aphones.

Un handicapé devrait avoir trois fois plus
Ses tourments ne devraient pas demeurer superflus,
Un handicapé connaît des marges sombres
C'est un humain dépourvu de certains membres.
Un handicapé, parfois délaissé et désocialisé
Est plus fort puisqu'il vit en marginalisé.

Dieudonné Asifiwe C., Bukavu 11 décembre 2023

# II. Nous sommes là pour vous

C'est une tristesse que l'on ne connaît pas.
C'est une colère qui n'existe pas dans nos regards.
Ce sont des larmes qui ne coulent pas sur les joues de nos enfants.
C'est une peur constante que l'on ne peut pas comprendre.
Ce sont des émotions conçues par la guerre et l'inimaginable.
Ce sont des émotions qui ne portent pas de nom, tellement le drame est immense.
Mais nous sommes là, nous qui vivons en paix, pour les accueillir, pour les apaiser. Nous
sommes là, nous qui n'avons pas peur d'avancer, de marcher sans prendre le risque de se faire
tuer, pour tendre une main à ceux qui peuvent à peine respirer. Nous sommes là, nous qui
regardons tout de si loin, nous qui dormons sereinement, pour accueillir ceux qui sont incertains
de se réveiller le lendemain matin.
C'est un soulagement que l'on ne connaît pas.
C'est une délivrance qui n'existe pas dans nos regards.
Ce sont des questionnements qui ne s'expriment pas sur le visage de nos enfants.
C'est une reconnaissance que l'on ne peut pas comprendre.
Nous sommes là pour vous...

Lola Berthomé, Saint-Jean-d'Angély, 09 novembre 2023

# III. Paix à tous

J'ai pensé à ces secondes passées ensemble
Essayant sans cesse des rythmes nouveaux,
J'ai pensé à nous, j'ai pensé à notre temple,
Sourdes étaient les bombes. Les rayons étaient beaux,

Des différends existaient. L'amertume y était
Parmi des sentiments louches par millier,
Des mésententes existaient. On les surmontait
Parce qu'on parcourait ensemble chaque palier.

J'ai pensé à la race humaine et ses couleurs,
A la bonté qui nous sourit sans dérive,
A l'hameçon que nous tenions au temps des douleurs,
Au ciel et son bleu souriant qui l'enjolive,

Le monde sans angoisse outrancière est noble !
Les appartenances y sont superficielles
Car elles rendent l'amour inhibé et faible,
Elles sont altières et leurs âmes irréelles.

J'ai pensé à moi, vivant dans un monde souriant,
Les dates sont les mêmes pour tout le monde.
J'ai pensé à ce monde féerique sans mendiant,
Où l'enfer étrange est une planète inféconde !

Humain, poussé dans l'abime de ton égoïsme,
Tu t'es préféré, tu as détruit ta Terre chérie !
A quand l'amour, à quand la voie vers l'altruisme !
Fais que l'allégresse soit une ambiance infinie...

Dieudonné Asifiwe C., Bukavu, novembre 2023

# ULCÉRÉS

# IV. Des enfants, mais pas différents...

Maman a préparé les valises ce matin.
J'emmène mes doudous et un maillot de bain.
Le trajet va durer 2h00, « c'est quand qu'on arrive ??? »
Et moi dans la voiture je vais dormir, pour espérer voir la mer au plus vite.
Je pleure, parce que mon frère m'a pris mon jouet.
Je suis en colère, parce qu'il a détruit ma tour de kapla.
J'ai peur, parce que maman a éteint la lumière du couloir.
Je suis heureux, parce que je suis en vacances maintenant.

Maman n'a pas eu le temps de préparer les valises ce matin.
J'emmène juste une peluche et beaucoup d'espoir.
Le trajet va durer 6 jours, « c'est quand qu'on arrive ? »
Et moi sur la barque, je vais dormir, pour espérer quitter la mer au plus vite.
Je pleure, parce qu'ils ont pris mon papa.
Je suis en colère, parce qu'ils ont détruit ma maison.
J'ai peur, parce qu'ils ont éteint la lumière de mon pays.
Je suis heureux, parce que je suis en sécurité maintenant.

Lola Berthomé, Saint-Jean-d'Angély, 09 novembre 2023

# V. Boum, boum, ça tue...

Et dire qu'on croyait que ça finirait
Cette année, pendant qu'on nous achevait,
Pendant qu'ils massacrent nos enfants
Sous une pluie de sang et d'airs cassants
Le politique a du mensonge sous ses lèvres.
Ils ont perdu leurs élans mièvres,
A force de pleurer, à force de courir
Sachant qu'ils peuvent à temps mourir !
A contre-sens, peur et terreur, ils crient,
Ils ne savent pas où aller, ils prient,
Leurs parents sont morts, leurs frères
Atrophiés dans un gouffre sans repères
Sont perdus dans les bruits des bombes,
Leurs amis sont sous terre, sans tombes.

Et dire que ceux qui nous tuent s'enorgueillissent !
Ceux qui votent tous les cinq ans sont ceux qui périssent !

Dieudonné Asifiwe C., Bukavu 05 décembre 2023

# VI. Les âmes bafouées

Sont-elles mortes pour rien ? Sont-elles vivantes
Dans les cœurs des vies politiques savantes ?

Nous les avions parmi nous, ils les ont tué, hélas !
Chebeya, Munzihirwa, Mamadou Ndala,

Les tueurs sont là, qui les connait ? Qui les maintient ?
Quelle entreprise infernale les contient ?

Ça tue à Beni et personne n'ose tout mettre à nu,
A Kitshanga, sous l'ombre affranchie de l'ONU ;

Ils ont pris pour amis d'errants démons,
La mort est leur ange, tuer est un de leurs dons.

Que la bonté divine tous nous dévisage !
Que les âmes mortes les envahissent de plage,
Qu'elles les privent de leur dulcifié sommeil,
Et qu'elles soient présentes à leur éveil !

Dieudonné Asifiwe C., Bukavu 05 décembre 2023

# VII. Le ciel est noir...

Le ciel est noir sur Bunagana, l'on meurt famélique,
L'on meurt de boum dans un duel machiavélique,
Il pleut de la cendre venue de nulle-part
De l'enfer visible dans l'air et dans le regard !

Le ciel est noir puisqu'ils nous tuent pour les minerais,
Du sang innocent coule à foison sur de l'engrais !
Ce soir, sur la ville, le diable se réveille
Et dans la tête des milices avec qui il veille,

Le ciel est noir, nous ne voyons pas notre route,
Le pouvoir en place nous regarde tomber et nous déroute.
Ce soir, nous fuyons le combat entre les camps,
Des morts partout, dans les routes, dans les champs...

Le ciel est noir à Rutshuru où l'on viole des femmes,
Pendant que sortent des rapports vains et infâmes.
Les milices se moquent des corps et de nos ventres vides,
Des récoltes corroyés et dans nos airs avides.

Le ciel est noir à Kitshanga où l'on fuit les agresseurs,
La vie a changé de cap, arme à la main chez les provocateurs
Les gens n'en parlent que très peu, et l'on meurt par millions,
Ils utilisent du sang humain pour ancrer leurs crayons ;

Le ciel est noir, son bleu de paix a fui le noir,
Des enfants affamés, des femmes sans espoir,
Des familles déchirées par le froid et par les fuites,
Les guerres sont obtuses mais elles ne sont pas fortuites.

Dieudonné Asifiwe C., Bukavu 11 décembre 2023

# VIII. La guerre des minerais

Le sang congolais a bâti leurs villas de luxe,
Corrompant nos dirigeants dont la vision n'est pas fixe,
La tendance est qu'on se bat contre un ennemi invisible,
L'on meurt vachement car notre pays est indivisible.
Ils osent dire qu'on est un peuple sans force,
Le monde est devenu à notre égard, féroce !
« Puisque nous sommes riches », puisque des minerais
Jacassent dans nos collines, condamnés à jamais !
Ils nous font la guerre sans nous la déclarer,
Nous connaissons nos ennemis sans les indiquer.

C'est la guerre sans ennemi. L'on combat l'insensible !
Le monde nous combat, nous qualifie d'inaudible !

Nous nous battons contre personne et contre tous,
Assis sur de l'uranium, mâcher par de sauvages loups,
C'est de notre cuivre qu'il s'agit. De l'étain. Du diamant.
Qui nous combat ? Personne. Tous. Le diable dormant
Sur un canapé lointain, sans nous parler, bataille.
Il regarde nos compatriotes renégats et les maquille.

C'est la guerre sans ennemi. L'on combat l'insensible !
Le monde nous combat, nous qualifie d'inaudible !

C'est du sous-sol paradisiaque de Kolwezi
Dont il s'agit dans les débats à l'autre côté de Ruzizi,
Les médias sont corrompus, les idéaux sont vendus,
Des gens veulent en parler mais sont sous-entendus,
Des billets circulent pour que soit rouge le sol de Bunagana,
Notre sang bâtit cette ville-là, demandez à Charles Onana.

C'est la guerre sans ennemi. L'on combat l'insensible !
Le monde nous combat, nous qualifie d'inaudible !

C'est la guerre sans ennemi. Il s'occulte et nous finance,
L'ennemi est lointain. Il est parmi nous, outrance !

C'est la guerre sans ennemi. Mais c'est la guerre quand-même !
Nos propres frères nous tuent, c'est ça le dilemme.

Dieudonné Asifiwe C., Bukavu 12 novembre 2023

# DEVOILEMENT

# IX. Le monde serait meilleur

Les guerres en Ukraine font rage,
Deux camps s'entretuent au service des plus forts,
Qui eux, sont assis sur des canapés placides et bien simples,
Il pleut du sang sur des immeubles bien grands,
Et le kremlin, éhonté et capable de sourire,
N'a pas peur de tuer encore plus de monde.
Les forts se jettent des paroles, les pauvres meurent.
Les riches commandent des bolides, les pauvres les payent.

De l'autre côté, l'on s'en-tête ! L'on veut gagner,
L'on apprend à combattre et à mourir tête haute.
En Israël on pense que Palestinien est diable,
Qu'il faut errer dans les rues et en tuer le plus possible.
Il en est ainsi. Pauvres êtres humains aux cœurs fous.
La rage de tuer habite les yeux, la haine
N'a pas mis de point sur son texte luciférien.
Jérusalem n'a pas demandé ça. Jérusalem
Le nom historique qu'ils recouvrent de sang
N'a pas osé poser de question. C'est une ville qui pleure.
Les forts se jettent des paroles, les pauvres meurent.
Les riches commandent des bolides, les pauvres les payent.

A Kinshasa on accuse le Rwanda de tuer les gens,
A Kigali, on pense que Kinshasa n'a pas assez de kilos,
Les multinationales entêtent nos dirigeants,
Ils ont tué à Beni, à Rutshuru, à Kitshanga,
Ils sont assis chez eux, personne n'interpelle personne.
Le Ciel est témoin, ils sont riches et ventrus
Et nous, on est pauvres et naïfs, meurtris !
L'amour du fric passe avant l'amour des gens,
L'homme qui ne peut pas produire n'est qu'un objet,
C'est une ressource morte qui ne sert qu'à s'user.
Ils s'injurient tous les jours sur les médias,
Nous, on se déteste, entre-temps on est tous mendiants.
Les forts se jettent des paroles, les pauvres meurent.
Les riches commandent des bolides, les pauvres les payent.

Ils ont corrompus le web, ils ont noirci les médias,
Mais que voulez-vous, les mêmes qui ôtent la vie
Payent ceux qui ont pour métier de nous informer,
A Washington, à Paris, à Pékin, à Moscou
Chacun tire dans son sens, le même cou
D'un monde fatigué des querelles et des pleurs inféconds,
Les peuples ne sont pas fous, ils sont ligotés et cons.
Pendant que les grands s'assoient autour d'un verre,
A chercher du théâtre à faire avaler à la masse,
Ça tue quelque part où le ciel devient sombre.
Pendant que l'on accorde du sens à la nature humaine
A la table ronde quelque part à Londres,
Des femmes violées crient au secours
Ces héroïnes qui manquent souvent d'aide
Et qui en ont marre que le viol arrange les groupes armés.
Les forts se jettent des paroles, les pauvres meurent.
Les riches commandent des bolides, les pauvres les payent.

Si tout le monde pensait comme moi,
Le monde serait meilleur.

Dieudonné Asifiwe C., Bukavu, 05 décembre 2023

# X. Les anges

A ces bébés tués en mutineries,
Je tiens à présenter mes excuses !
A ces enfants tombés dans les boucheries
Alors que leurs heures n'étaient pas requises.

Fallait-il massacrer ces mignons petits jouvenceaux
Pour réussir à contrôler ce sous-sol argileux ?
Quel est le but de vos luttes si ces lionceaux
Devraient y passer, pauvres orgueilleux ?

Ils étaient couchés par terre, têtes coupées
Leurs proches pleuraient et les milices souriaient,
Les rêveries politiques étaient occupées !
Peut-être qu'ils nous ont vendu lorsqu'ils se mariaient...

Ou peut-être qu'ils s'en foutent de nos pleurs fébriles,
Leurs pavillons sont bien vernis. Ils mangent à satiété.
Le temps est impartial, nos souffrances sont futiles.
Ils nous ont rendus stériles en vendant notre société.

Dieudonné Asifiwe C., Bukavu 11 décembre 2023

# XI. A ces hommes découpés

Ce matin, on attend des crépitements depuis les collines,
Deux camps s'entretuent : C'est la guerre et ses épines !
La quiétude trépasse dans des cœurs des enfants,
L'amour disparaît des regards des habitants,
L'on croit que les anges sont plus que les démons,
Les gosses pleurnichent, leurs airs tout mignons,
Succombent. Ils n'ont plus droit à la vie,
Les parents ne croient plus à la survie
Et à ses preuses historiettes d'après raids,
Ils ne croient point en la liberté. Ni à la paix !

Les têtes sont coupées, on en parle que très peu.
Nous tuer pour le smartphone, c'est un vœu.

Ce matin, des corps innocents colorient la montagne
Sur Ituri. Les herbes verts sont rouges et la hargne
Gronde dans les âmes vivantes. Ils ne croient à rien,
Ils sont oubliés au profit du sous-sol et son bien,
Le gouvernement pense à sa réélection probable,
Les morts par millions ne sont pour eux qu'une fable,
Des villas luxueuses à Kin, à l'est, on nous laisse au loup
Ils ne manquent pas de sommeil ni de gout
Puisque ça tue à Rutshuru, puisqu'on ne votera pas,
C'est de l'agent qu'il s'agit, pas des morts, hélas !

Les têtes sont coupées, on en parle que très peu.
Massacrer pour bâtir la ville-là, c'est un vœu.

Des campagnes électorales, des discours titanesques,
« Le pays est grand, ses richesses sont gigantesques »,
C'est la litanie immense ! C'est la théorie infinie !
Les cours d'eaux par milliers. Ce n'est qu'une théorie !
Que dira cet homme de Mulenge dont la tête est ôtée ?
Que dirons-nous au futur et sa réputation sous-cotée ?

Les têtes sont coupées, on en parle que très peu.
Massacrer pour nourrir leurs usines, c'est un vœu.

Dieudonné Asifiwe C., Bukavu 13 décembre 2023

# XII. A ces femmes meurtries

Ô femme ! Créature que d'aucuns meurtrient,
Ton amour devra un jour être récompensé,
Te maltraiter est devenu une arme de guerre,

Ils disent que tu es docile,
Mais je dirais que tu es forte,
Ils disent que tu es dépourvu de vigueurs
Je m'imagine ces robustesses en plein travail
Tu donnes vie sans attendre rien de retour
Tu nous apprends à sourire même quand tu ne souris,
Tu nous as donné la vie, tu nous as nourris
Et qu'est-ce qu'on a fait de toi ?

Le Ciel parle dans ton cœur affectionné,
Tu es la mère de Lola. Tu es la mère de Dieudonné !
L'amour est ta force, la bonté est ta volupté
Tu n'es jamais vaincue, tu es une maman,
Tu souris à tout, même aux sottises des firmaments,
Tu es la mère de Lumumba, tu es la mère de Mandela,
Tu as donné vie à Jeanne-D'arc, à Socrate, à Victor Hugo,
Cet amour immense qui a fortifié Mamadou Ndala ;
Tu nous as donné la force de devenir des hommes,
Tu nous as donné la vie, tu nous as nourris
Et qu'est-ce qu'on a fait de toi ?

Tu es Marie Mère de Jésus-Christ, tu es une fonceuse
De la douleur né ta prédilection sous-estimée,
Tu as tout donné, mais ils te violent dans leurs quêtes endiablées,
Tu ne te plains pas, tu supportes ton sacrifice
Dans un silence intégral
Et malgré cela, ils honnissent ta sainte dignité,
Tu nous as donné la vie, tu nous as nourris
Et malgré cela, on a fait de toi un instrument de guerre…

Dieudonné Asifiwe C., Bukavu 08 décembre 2023

# XIII. A ces familles fatiguées

Fuyant les guerres, elles vivent désormais à ciel ouvert,
Misérable vie imposée par le clan politique pervers
Et ses échecs en guerre et en diplomatie,
Quel horreur, qu'il n'y ait plus ici de hiérarchie !

A ces familles brisées, que le Ciel vous écoute,
Qu'il vous rende ce que la guerre vous coûte,
Les accords engendrent conflits et belligérances,
Ils vous ont vendu et se moquent de vos souffrances !

A ces familles meurtries, votre sang gêne les terres,
La sueur sur vos fronts leur fait des tonnerres,
Le sang de vos proches coule sur les haricots,
Pensée à ces enfants sous la pluie, sans tricots !

A ces familles dont l'avenir s'étouffe et se ternit,
Ne criez pas, battez-vous ! Sinon rien ne finit.
Ils vous punissent pour votre silence, votre naïveté
Corrompt votre courage essentiel et votre fermeté.

Dieudonné Asifiwe C., Bukavu 13 décembre 2023

# XIV. A ces nations ulcérées

Déchirés par les morts innombrables,
Des politiques abruties et perméables,
Les peuples souffrent dans un silence.
La vie s'y réduit à la souffrance.

Maltraités par les siens, fous et méprisables,
En quête d'argent et biens, haïssables ;
Les puissants veulent effacer toute chance
De revoir la paix dans la danse.

C'est de la guerre qu'ils nourrissent leurs ventres,
Hélas, vous mourrez sans s'en rendre compte,
Ils ont mis des heures nouvelles à nos propres montres.

Le social se brunit. L'économie noircit,
La bureaucratie détient une politique de la honte,
L'administration balance. La vie s'endurcit.

Dieudonné Asifiwe C., Bukavu 13 décembre 2023

# XV. Le pays de Lumumba...

Le pays de Lumumba a mieux à offrir,
A part le sang de ses fils et fille,
Quand est-ce que ces mutineries devront finir
Le monde en quête de nos métaux vermille
Et ne connaît plus la valeur humaine du congolais.
Les nations s'unissent pour que notre air soit laid.

La vie ici est une grandiose voile des désarrois,
Pourquoi tuer pendant qu'on peut exploiter dans la paix ?
Les gouvernements conspirent contre ces terres. Et ses rois
Massacrent sans conditions par marées.
Et que fait notre gouvernement ? Que font nos politiques ?
Pris dans un piège, le lucre, la vie chair, les reliques...

Dieudonné Asifiwe C., Bukavu 11 décembre 2023

# XVI. A ces écoles fermées

C'est depuis un temps qu'on étudie plus,
Ils ont fermé l'école. Du moins, ils y ont veillé.
Ces classes en bois, non retouchés et fort reculées
Etaient ce qu'on avait de mieux pour apprendre,

Depuis que je-ne-sais-qui s'est emparé de nos terres,
Et que le Gouvernement ne fait que pleurer dans des discours,
Nous sommes restés dans ces camps infâmes et impropres
A boire de la bouillie et à n'entendre que des promesses,

Sur la fin de la guerre et sur son origine informelle,
Sur des rebelles étrangers et sur leurs patrons sournois,
La politique mange parce qu'on ne peut plus mieux dormir,
C'est ce qui la nourrit. C'est de ça qu'ils vivent.

A quand la réouverture des classes ! Et nos enseignants,
Sont-ils restés à Kitshanga ? Sont-ils vivants ?
A quand la reconstruction de notre école brûlée ?
Ça ne reviendra plus jamais, n'est-ce pas ?

Ils se servent de nos pleurs et de nos airs naïfs,
La peur nous envahit et on fuit notre village,
On est à Goma, ceux qui nous tuent à Rutshuru
Viennent nous offrir de la patte pour porc...

Ceux qui brûlent des cabanes nous servant de classe
Parlent à la radio. Ils disent que nous sommes ingénus
– C'est ce qu'on sous-entend dans leurs speeches charlatans
Ceux qui nous tuent, hélas, sont ceux qu'on croit être nos sauveurs...

Dieudonné Asifiwe C., Bukavu 16 décembre 2023

# XVII. A ces orphelinats sacrifiés

« Où est partie ma maman, où est mon papa ?
Je les ai vus tombé. Ils se sont endormis,
Il y avait des balles, des soldats, des fuyards,
Des bébés qui pleuraient, des gens qui partaient
Nulle part, sans abri et qui dormaient par terre...
Où est ma sœur ? Perdue dans l'immense foule,
Peut-être fracassée par les pieds des passants,
Elle était gentille. Elle ne pouvait pas mordre un pou,
Elle suivait une maman qui ressemblait à la nôtre.
Maintenant je suis esseulé dans ce monde forcené
Sans issue, sans scrupule. Je suis un orphelin,
Et qui sait ? Je n'ai peut-être plus aucun frère
Je n'ai peut-être plus personne de mon sang
Parce que certains l'ont décidé ! Ignobles créatures,
Qui ne pensent qu'au gain et à ses folles conséquences
Dans la vie privée des cruels et des gens immondes ;
Je n'ai plus de voisin, parce que je n'ai plus de maison,
A quoi penser ? Je ne connais aucun débouché
Je pleure, je cris mais rien ne change,
La guerre, hélas, n'est pas prête de nous laisser impavide
Il y a encore du diamant à amasser près de chez moi
Il y a encore de l'or sous le canapé de mon oncle,
Et de la cassitérite dans les collines de mon village,
Du Coltan quelque part où l'insécurité sévit,
Du cobalt à quelques kilomètres du camp des réfugiés.

Dieudonné Asifiwe C., Bukavu décembre 2023

# XVIII. La guerre continue...

La guerre nous a tout pris. Elle n'a pas bonté,
Elle continue d'exister parce que l'homme continue
De croire qu'il faut tuer pour mieux s'enrichir,
Que plus de gains impliquent plus de morts.

Elle a son début mais nul ne connaît sa fin.
Qui la côtoie devient follement accro à la cruauté,
Le semeur de guerre n'a plus en lui le sens humain.
Il ne pense qu'à lui et à sa poche cannibale.

La guerre continue d'exister, parce que le diable
Est dans l'homme et dans ses petits appétits,
L'homme en a fait un moyen d'empiler des pièces
De s'en foutre de son prochain. Et ç'a marché !

La guerre est là parce qu'on le veut. Elle existe
Depuis que des rangs veulent s'implanter parmi nous,
Depuis que certains ont laissé naître en eux
Le diable des tueries et la peur d'être du même niveau.

C'est l'amour du pain qui a dépassé celui du boulanger,
On s'en fout de comment on devient riche peu importe
Qui crève, qui est emporté par le courant funeste,
Que c'est un enfant, une femme ou un homme...

La guerre continue et amène avec elle des rêves,
Le futur de plusieurs s'éteint sans aucun requête,
Sadisme sur le plateau ! Bonté devient espèce en extinction,
Amour laisse sa place au courroux et à l'hypocrisie ;

Les démons s'emparent de la Terre et en font leur esplanade
Leurs ombres entourent les hommes en soif de pouvoir,
Les poussent à aller loin, pourvu que l'argent ne cesse de couler
Et que le sang d'innocents pave les carrières et les pierres !

La guerre est hypocrite ! Elle apprend à manger ses enfants,
Elle vit avec eux, les poussent à agir pour son bien
Mais ne les protège pas contre leurs propres barbaries
La guerre est une arme qui n'appartient à personne !

Les rebellions naissent pour faire des dégâts collatéraux,
Les gouvernements aveuglent ceux qui n'y comprennent quedal,
Ensuite vient la justice, amie intime à la politique
Qui crie à la neutralité mais qui se fout de notre gueule,

La justice est l'arme qui supprime les indésirables,
D'après tout, c'est une œuvre parfaitement humaine,
Elle est tout mais ne peut pas vivre sans un camp.
La justice c'est comme un sac vide qui a de la forme.

Il n'y a pas de fidélité, juste des soldats qui ne savent pas
Qu'ils se battent pour des démons qui ont pris de la chair,
Et qui mettent la main dans la poche pour plus anéantir
Des lieux où le sourire ont quitté les joues des peuples.

Les alliés se trahissent, c'est dans la veine de la guerre,
Et où est le peuple ? Les corps par millions
Trainent dans les débris sales des bombes
Et sur la route : l'homme n'est humain !

La guerre continue, oui ! Sa fin est utopique !
Tant qu'il y a du métal en dessous de nos pieds,
Tant que la vie humaine n'entre dans les langages des leaders
Lors des réunions infernales. Tant qu'ils décident sans nous...

Dieudonné Asifiwe C., Bukavu 16 décembre 2023

# CLAMEURS

# XIX. Vaillants combattants

Au front, confiants face aux agresseurs plaintifs,
Courbés pour défendre les citoyens craintifs,
Ces vaillants ont offert à leur vie un sens patriotique
Et nous devrions donner à cette équipe héroïque
D'intérêts jointifs.

Ils portent le Congo dont ils sont les forces armées
Sacrifiant les leurs pour sauver nos vies bien-aimées
Face à l'invasion et face aux troupes étrangères
Le long des protégés airs et d'immenses frontières
Contre des rebellions réprimées.

Je dirais qu'à Goma, à Rutshuru, à Beni,
A ceux qui ont vécu les six jours de Kisangani,
Des soldats sont tombés en protégeant la patrie,
Que le Congo, nation oubliée et tant meurtrie
Est un pays béni.

Je dirais à ceux qui sont morts en combattants
Que leur amour est démesuré. Aux enfants
Délaissés et victimes de ces moments atroces :
Le civisme et l'union sont une racine de nos forces
Face aux assaillants.

Ce drapeau beau et tricolore pour qui ils sont morts
Reconnait-il ces noms qui ont abandonné leurs sorts
Pour cette terre opulente ? Aux dirigeants politiques :
Les veuves affamées et ignorées sont sans reliques,
Sans moyens et sans ressorts...

Dieudonné Asifiwe C., Bukavu, le 30 juin 2022

# XX. A Goma

A Goma, on a peur. Puisque ça brule par des armes
Et par des fraternités moribondes et mourantes
A Bunagana, cité qui voit mourir des âmes
Dans l'innocuité pendant des guerres sanglantes.

A Goma, ville sur qui Nyiragongo jette ses lames
Jaillit entre les gens sous des paniques incessantes
Une haine contre hommes, enfants et femmes
Issus des tributs étrangers, opinions fracassantes.

Que la guerre finisse. Que son genre périsse
Et que la population maltraitée guérisse
Pour que naisse dans la bonté, un nouvel âge.

Que ceux qui, semant entre nous bruits et terreurs
Se nourrissent du sang sorti d'innocents cœurs
Se noient dans l'orage révolté de notre rage.

Dieudonné Asifiwe C., Bukavu, soirée du 11 août 2022

## XXI. Au Gouvernement

A Ituri l'on meurt chaque jour. Et à Beni
L'on a oublié la bienveillance d'un Etat de droit,
Tant le crime de l'intouchable reste impuni.

A Ituri l'on entend par le bruit du toit
Les armes tomber sur des citoyens tranquilles,
L'ère est vague, le climat est maladroit.

A Beni et Ituri, jadis d'inviolables villes
On ne sent que l'absence du gouvernement
Quand des vies deviennent vétilles.

A Beni, l'on sait que le politique ment,
Assis à Kinshasa. – quelle molle lâcheté !
Là-bas ça danse, ici rien à mettre sous la dent.

– Je pleure, écoutez donc que cette entité
Est tout ce qu'il nous reste. Je m'écrie
Qu'ils entendent la couleur de ma civilité :

Le Congo, l'indivisible, restera ma patrie.

Dieudonné Asifiwe C., Bukavu, nuit du 11 août 2022

# XXII.FARDC

I

Soldats de premières lignes ! Combattants ! Soldats !
Vous laissez vos enfants en questionnements
Sans sou, parfois ! Hommes aux boulots délicats,
Mourant pour nous apporter de nouveaux vents.

Vos femmes ont besoin de vous. Les pluies, les cieux
Se colorient entre vos rêveries les moins belles
Et vous avez laissé tout, vaillants, amoureux,
Laissant vos familles, en ayant besoin d'elles.

Que le bon Dieu écoute ce qu'écrit le poète
Assis sur un banc, à Bukavu, pensant à vous,
Que le paradis des saints inspire le prophète,
Pour que ces forces armées ni finissent à genoux !

Que les églises prient pour elles, que l'histoire
Chante le sacrifice des commandos tués au front,
Que la musique s'éteigne dans la foire
Honorer quelques instants ce que ces Hommes font.

Que ce beau drapeau tricolore, se hisse
A moitié, que le gouvernant se lève
Enterrer la traîtrise, qu'il punisse
Ceux dont la Patrie passe après leur trêve.

II

A genoux, je prie pour vous, armées sacrées
Pour vos enfants et pour vos femmes,
Pour vos jours et ces populations massacrées,
Pour vos vies chères prises en dilemmes :

Que les anges pour vous, conçoivent des plans
Allègent les fardeaux des guerres, des peines
Sur vous. Que chantent pour vous tous les clans
Afin que soient courtent les vallées et pleines.

Les âmes disparues, faute des conflits infinis,
Faute du Pays-merveilles et son opulence,
Reçoivent miséricorde du saint paradis,
Pensée à ceux qui sont morts en pleine enfance.

Dieudonné Asifiwe C., Bukavu, 12 août 2022

# XXIII. Les dessous de la guerre au Congo

A Aru et à Bunagana sur des collines
J'ai vu le pleur couler du cœur des innocents,
La guerre a fait d'eux ses âpres épines
De la famine sur des sols riches et opulents.

J'ai vu de soldats, vaillants et forts
Combattre, je les ai vu payer les soins médicaux
Pour leurs enfants, graves inconforts.
Eux qui défendent des intérêts ancestraux ;

Je les ai vus recevoir de petits salaires
D'anciens combattants finir pauvre et délaissés,
Plus d'orphelins et de veuves militaires
Sans abris. De mendiants guerriers blessés.

Mais le politique leur a tourné le dos,
Ils sont morts pour ce joyeux pays, cette terre
Que tous envient. Le politique a de faux
Dans son langage où notre avenir se resserre.

Dieudonné Asifiwe C., Bukavu, 13 août 2022

# XXIV. La guerre est venue...

La guerre est venue détruire l'amour du Congo,
Créée pour désunir Tshikapa du Kwango,
Emplir d'illusions et de désespoir la jeunesse,
Trempé dans une utopie la pauvre presse.

Des écrivains désorientés, des élites malheureuses
Des medias coincés, des autorités peureuses
Roulées sous un impérialisme malhonnête
Souillées dans des dettes sans enquête.

La guerre est venue noircir l'avenir d'un pays uni
Sans crainte, pillée ; où le pillage est impuni,
Dont ils regrettent avoir offert des frontières
Qu'aujourd'hui tous, on met dans nos prières !

Je crie haut, que le Congo, béni et enrichi
Nous appelle tous, recherche un pic rafraichi,
De Gemena à Uvira, l'on pleure encor,
De Boma à Isiro, il pille notre or ;

La guerre est venue, née de fervents amis
Alliés à des mouvements méchants ennemis
Détruire ce que Lumumba a bâti volontiers
Terrasser à morts nos champs entiers.

Dieudonné Asifiwe C., Bukavu, 13 août 2022

# XXV. Aux familles victime des guerres de l'est...

La guerre au Kivu profond tous nous endeuille :
Les troupes enfuies dans les recoins des forêts denses
Emportées par la haine en elles qui vadrouille
Saccagées par des perditions follement immenses ;

Militaires réguliers défendant la nation entière,
Enfants aux dos de leurs mamans en détresse,
Fuyant des tirs, traversant notre frontière
Car la température au pays les agresse.

O femmes aux cœurs purs, endeuillées par des malfrats,
On dira aux gouvernants qui oublient vos pleurs
Que plus que quiconque, vous méritez de bons draps
De bons repas, de paraître en bonnes ampleurs.

On dira à l'élite qui ignore volontiers les camps
Où vous dormez ventre nu, sans prendre bain
Digne de femme, vous jetant dans des champs
Où à Camp Saïo vous labourez par pure faim ;

L'amour des richesses prime sur la richesse de l'amour
Dans les cœurs des assaillants. Aux veuves des soldats
Portez le drapeau, ce pays vous doit un bon séjour
Vos maris ont lutté, vous méritez des moments fats.

Dieudonné Asifiwe C., Bukavu, 14 août 2022

# XXVI. Ces enfants...

Ces enfants laissés sans parents, sans frères, sans sœurs
Tués par la guerre du Kivu, envahi et délaissé,
Crient à l'aide, croupis sous un air stressé
Plongés sans relâche dans d'éternels pleurs ;

Orphelins de batailles façonnées par des cœurs
Pour qui la vie humaine est objet de chasse,
Ces enfants sans abri dont le deuil entasse,
Connaissant très tôt la laideur de fines sueurs,

L'on les regarde pleurer, on les regarder fuir,
De Beni à Goma, d'Aru à Kisangani
Poursuivi par le duel des armées infini.
Ces enfants chez qui il n'y a rien à jouir,
Innocents, oubliés par les politiques ennuyeux
Méritent à jamais qu'on pense à eux.

Dieudonné Asifiwe C., Bukavu, nuit du 23 août 2022

# XXVII. Dix millions de morts au Kivu

Dix millions de morts. – Et la guerre ne finit pas.
Morts parce que le Congo est grand, héros congolais,
Aucun coupable, ici on ne les condamne jamais
Ce qui nous élèverait est ce que nous met plus bas.

Enterrés sans honneur, l'International les ignore.
Des familles en deuil sans que nul ne les déniche.
Dix millions de morts, parce que le pays est riche,
Parce qu'au fond de nos âmes, on y croit encore.

Le politique se tait. Peureux et sans sacrifice.
Enchaîné par la noirceur de bidons accords,
Il ment sur cette guerre qui cache des remords.
Dans son infernale poltronnerie, il est complice.

Mais je déclare (pris de rage et de colère),
Que le peuple saura ce qu'il y a dans les cages,
Les bourgeois qui enterrent notre joie sur leurs plages.
Et le jaloux retournera dans son repère.

Dieudonné Asifiwe C., Bukavu midi du 29 août 2022

# DEUXIEME PARTIE : PROSE

# XXVIII. Le peuple a échoué...

Le peuple a échoué. Nous avons laissé périr le vrai combat, nous avons accepté de vivre comme veut la politique. Les démons ont habité parmi nous et ont réussi à atteindre le sommet, parce qu'ils sont plus dans le faux que nous ne sommes dans le vrai.

L'avenir n'appartient plus à ceux qui se lèvent tôt mais à ceux qui ne savent pas perdre les obtenus, à ceux qui n'échangent pas du lithium contre de la croute de pain moisi et empesté. L'avenir, c'est demain. Et demain, c'est incertain. On ne sera jamais demain. L'avenir c'est plus aujourd'hui que demain, seul aujourd'hui existe. L'avenir est esseulé dans son demain sempiternel. Le peuple a cru à demain comme lui disent les politiques. C'est aujourd'hui qu'on est affamés, c'est aujourd'hui qu'ils nous tuent pour du cuivre, c'est aujourd'hui qu'ils ne veulent pas nous voir manger à notre faim – cela résiste aux dividendes. Leurs intérêts, c'est aussi quand nous ne mangeons pas bien.

C'est aujourd'hui que nous allons construire le monde. Demain, le monde n'aura plus besoin d'être enjolivé, les gratte-ciels seront bâtis sur des crânes de ceux qui auront péri dans des duels où les riches ne meurent pas. Demain, seul le naïf y croit. Demain, notre terre sera tellement pourrie qu'il n'y restera que des carrières abattues et des os écrasés par la moisissure et l'air chaud.

Depuis que « nous bâtirons un pays plus beau qu'avant », Kinshasa devient plus sale qu'en mille neuf-cent soixante. Depuis, les kasaïens et katangais, manœuvrés par des leaders perfides, cherchent à se battre pour je-ne-sais-toujours-quoi. Depuis, c'est le Président des uns qui est assis sur la chaise royale, les autres ne voudront plus l'ouvrir. Le Président des autres appelle au branlebas égotiste.

Le peuple a échoué depuis qu'on croit à la politique capitaliste des années deux-mille. Dix millions des morts, et des militaires continuent de ne sécuriser que ceux qui ont assez tué. Pendant ce temps, d'autres qui sont du côté des gens normaux, ne peuvent pas dîner deux jours de suite.

Le peuple a échoué, ça lui a coûté son bien-être. Le tribalisme est enseigné, le népotisme est étayé et les diables sont mis au sommet de l'Etat. Le peuple a échoué, parce que le peuple chante pour eux. Le peuple a échoué parce qu'il n'apprend pas de son air affamé ; parce qu'il tend la main à qui lui arrache la semoule.

Le peuple a échoué, je l'écrirais sur mon front pour réveiller ce qu'il reste encore de notre fureur. Longtemps accroupis, nous avons oublié le rituel de la marche. Longtemps pleurnichard, nous avons oublié le combat, sournois et à genoux dans nos cabanes noircies par la peur et le manque. A force de chantonner, nous avons confondu le vrai de l'artificieux. Longtemps complice des manigances des dirigeants, nous avons refusé nos responsabilités dans notre péril perpétuel.

Que le Seigneur nous vienne en aide ! Et que notre main durcisse davantage. Aujourd'hui. Que demain soit vivable. Mais qu'aujourd'hui soit de moins en moins invivable. Nous avons déjà échoué, que le combat commence. Aujourd'hui.

Dieudonné Asifiwe C., Bukavu 16 décembre 2023

# XXIX. Le fléau

Sur le front, les soldats meurent. La cendre recouvre les nuages noircis de la contrée.

La politique a pris le volant et a jeté les pneus. Elle plane tout haut et emporte ceux qui la nourrissent vers des airs suffocants. La guerre garrotte le progrès et l'enterre sous la mer agitée. Le peuple applaudit un progrès imaginaire et remet le pleur au quotidien.

Ce pays n'est pas un enfer. Sa classe politique est un Styx qui caresse le diable pour emporter les lamentations de ceux qui protègent la mégestion. Oui le peuple a faim, oui le peuple a son toit pervers.

Le peuple meurt ingénument dans les mains douces et antipathiques de ceux qui vendent ses biens. La révolte est ruineuse mais la naïveté est saumâtre. La vie est une mort prolongée lorsqu'elle ne peut pas être vécue humainement.

Le fléau, c'est la politique. Le fléau c'est le peuple qui pourrit dans son gouffre sous-développemental et qui ovationne les truands. C'est tous ceux qui tuent et ceux qui se font affaisser en acclamant. Celui qui boit ne meurt que d'excès, celui qui succombe meurt de manque. Celui qui vit du sang innocent, demeure assouvi et meurt calciné. Celui qui ne réagit pas à la torture succombe de peur.

Dieudonné Asifiwe C., Bukavu 27 décembre 2023

# XXX.Humour politicien

Ils se battent à la radio, nous on se bat pour eux dans la rue. Ils disent qu'ils sont ennemis, mais c'est le peuple qui capitule dans la famine et la désillusion. Ils disent que nous devons nous battre, mais leurs enfants vivent à des milliers de kilomètre de l'assaut.

Ils disent qu'ils ont des programmes pour que demain soit meilleur, mais demain nous ne serons pas là, la guerre ne peut pas l'admettre. Demain, ce n'est jamais venu. Les discours sont infondés, leurs actes ne corroborent pas leurs paroles. La vie est devenue dure et ses traces le sont davantage. L'amertume a choisi de nous apprivoiser, mais l'on fête dans les maisons de ceux qui devraient nous protéger.

Leurs paroles sont fausses jumelles ; leurs agissements sont bons bessons. Pas de route, pas de paix, pas de salaire ; malgré ça ils viennent battre campagne. Ce qu'ils disent n'est qu'humour. Qui croit à l'humour si ce n'est un fainéant...

Dieudonné Asifiwe C., Bukavu 16 décembre 2023

# XXXI. Chauve-souris

« Puisque je ne dois périr, vivre une double existence : politique-mensonge, bâtisseur-hypocrisie. Puisque je suis un ange déchu, effondré qui ne peut plus rien perdre, puisque je ne peux plus m'égarer à bitumer des routes bouées depuis des cycles ; j'ai droit de respirer un air doucereux sans embêter ma conscience décédée candidement. Ils meurent à Aru, force à eux.

Il est beau de s'asseoir au bord de ma piscine bleuâtre, entendre le vent qui gronde, s'abat brutalement sur des feuilles vacillantes d'avocatier et qui balance mes cheveux suintant de goutes sucrés d'eaux de piscine. On tue à Bunagana, pourquoi ne devrais-je pas m'en taper ?

De la mayonnaise coule sur mes lèvres et je jette quelques-unes de ces miettes que des domestiques affamés dégustent grotesquement. Je suis un homme qui sourit aux autres, je ne m'empêche pas de vivre de ce que je retire au vieux pauvre peuple qui ne cesse de me suivre.

La campagne électorale jaillira, je surgirai. Je ferai croître des œuvres caritatives bidon. Ils mangeront deux jours et moi des années. Je m'agenouillerai et ils acclameront. Je repartirai et ils resteront pauvres. Je partirai et ils resteront faméliques. Pourquoi devrais-je m'inquiéter des dépossédés ?

Je suis leur fils, ils le clament. Je suis le fils à ma famille. Je la nourris en premier. En dernier, je nourris ceux qui trompent avec moi. Mon ventre est grand et mes paroles, fourmillantes. Ils veulent m'entendre parler, j'aime les voir crève-la-faim.

Je suis un endiablé, mais je suis gentil. Je parle comme un visionnaire. Je me fiche de qui meurt au sud de ce pays mielleux… », dit le Politique.

Dieudonné Asifiwe C., Bukavu 27 décembre 2023

# XXXII. C'est frivoles...

C'est frivole de croire à la paix, tant qu'on ne peut pas s'en foutre de ceux qui nous privent d'elle ; et qui au fond de leurs âmes, savent que nous ne pouvons pas l'atteindre avec eux. L'âge des plaintes n'est plus à jour, ses racines sont dévorées par des ras sous terre et ne peuvent plus donner bon espoir. Le désir de combattre devrait jacasser dans le ventre affamé d'un innocent de guerre ; qui a vu des gens tomber et qui ne croit plus en la sérénité.

C'est frivole parce que, qui veut la paix prépare la guerre ; qui se bat pour son avenir décapité par le monde sourd et fanfaron, trace ses propres espoirs. Croire en une rédemption balourde a créé des situations tragiques et depuis, nous croyons plus aux bouches doucereuses habillées en robes d'ange qu'à notre auto-prise en charge.

C'est frivole de bavarder à Kinshasa lorsque quelque-part dans le fond du gouffre, le pleur s'est installé dans les veines lointaines des joues malnutries. Le peuple, naïf comme l'est une brebis presque décapitée, ne connait plus qui guillotine qui ; qui tranche la gorge de qui ; qui finance ces rebellions infinies et fières des fosses communes creusées dans des brousses sombres aux côtés de la tourmaline qu'ils recherchent.

Dieudonné Asifiwe C., Bukavu 16 décembre 2023

MIX
Papier aus verantwortungsvollen Quellen
Paper from responsible sources
FSC® C105338

Printed by Books on Demand GmbH, Norderstedt / Germany